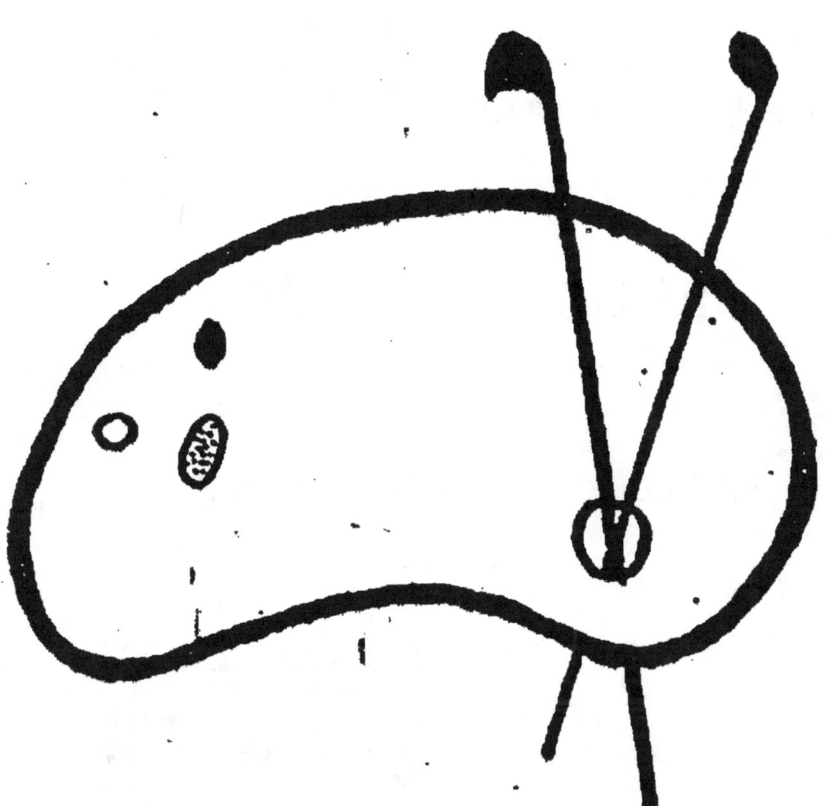

DEBUT D'UNE SERIE DE DOCUMENTS
EN COULEUR

LES
GRECS D'ALEXANDRIE

ET LA

PRESSE FRANÇAISE

PAR

LÉONCE MEYRA

Le fanatisme n'est pas une erreur,
mais une fureur aveugle et stupide
que la raison ne retient jamais.

J.-J. Rousseau.

l'exécuterons-nous ceux que Dieu
tolère !

St Augustin.

Qu'on ne fasse aucune violence
aux juifs.

4e Concile de Tolède.

PARIS

IMPRIMERIE LEFEBVRE

Passage du Caire, 87-89.

1881

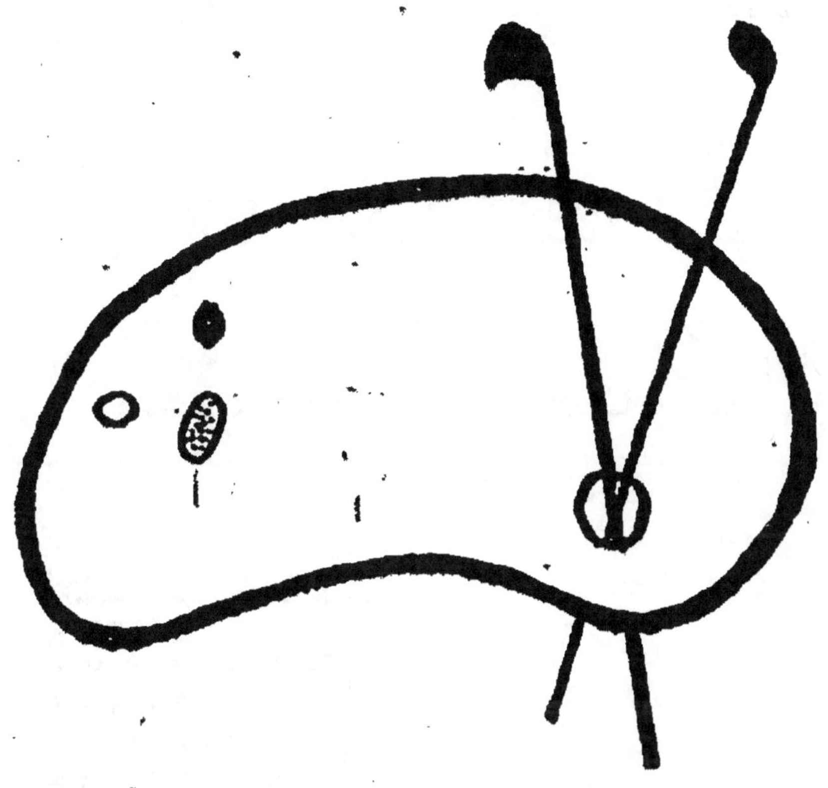

FIN D'UNE SERIE DE DOCUMENTS
EN COULEUR

LES
GRECS D'ALEXANDRIE

ET LA

PRESSE FRANÇAISE

PAR

LÉONCE MEYRA

> Le fanatisme n'est pas une erreur,
> mais une fureur aveugle et stupide
> que la raison ne retient jamais.
>
> **J.-J. Rousseau.**
>
> Persécuterons-nous ceux que Dieu
> tolère ?
>
> **St Augustin.**
>
> Qu'on ne fasse aucune violence
> aux juifs.
>
> **4e Concile de Tolède.**

PARIS

IMPRIMERIE LEFEBVRE

Passage du Caire, 87-89.

—

1881

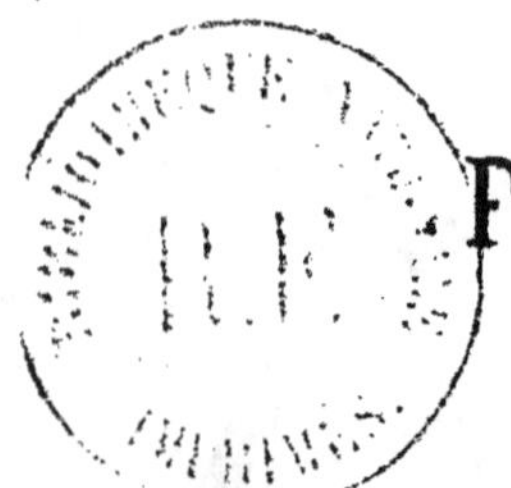

LES
GRECS D'ALEXANDRIE

ET LA

PRESSE FRANÇAISE

PAR

LÉONCE MEYRA

~~~~~~

Les tristes évènements d'Alexandrie auront au moins produit ce résultat, que la presse française a été unanime dans sa réprobation des faits odieux provoqués par le fanatisme des Grecs, en rappelant ces derniers aux sentiments de la pudeur et du bon sens.

Voici un peuple qui renaît à peine à la vie nationale, et dont la condition a été, pendant de longs siècles, l'asservissement dans ce qu'il a de plus brutal et de plus avilissant ; ce peuple est encore au berceau, il se trouve cependant trop à l'étroit, puisqu'il assourdit de ses cris de revendication, l'Europe entière.
~~~~~~

Il est cependant une condition essentielle quand on veut le droit à l'existence : c'est de ne pas le contester à ses semblables, ou il est évident que l'on sanctifie, par le fait même d'une prétention aussi illogique, la prédominance du principe brutal sur le principe raison.

Or, le Grec a subi celui-ci pendant des siècles, luttant en vain pour le triomphe de celui-là, et, aujourd'hui que la raison a triomphé partiellement, aujourd'hui qu'elle est à la veille d'avoir toute satisfaction, c'est alors que les Grecs semblent vouloir montrer par leurs actes que leur vrai pourrait n'être pas vraisemblable, et qu'ils ne réclament une vie plus large que pour avoir la vaine satisfaction d'entraver la libre existence des autres.

Si le cas était isolé ou amené par une authenticité flagrante de faits, encore pourrait-on, dans une certaine mesure, non admettre, mais expliquer l'hystérie de fanatisme qui s'empare d'une population du jour au lendemain. Mais il serait puéril de discuter ou même de considérer un instant les allégations platement idiotes qui ont amené ces évènements ; il n'y avait pas de lumière à faire, il n'y avait rien à éclairer. Un malheureux enfant se noie, on est quelques jours à retrouver le corps, qui, une fois repêché, est soumis à une autopsie entourée de toutes les garanties officielles, et voilà la populace grecque déchaînée sur la classe juive, accusée d'avoir sacrifié cet enfant.

Ces espèces d'émeutes se reproduisent régulièrement tous les ans, et, chose triste à constater et que nous dénonçons à l'indignation universelle, c'est que la presse grecque d'Alexandrie attise, par des diatribes stupides, le fanatisme d'une populace qui ne raisonne pas, et, brochant sur le tout, les classes élevées de la colonie grecque, elles-mêmes, sont les plus ardentes à entretenir ouvertement la rage qui anime les basses classes.

Raynal a dit qu'il était plus facile qu'on ne croit de fanatiser les gens : il suffit de parler à leurs passions; et c'est là, précisément, l'endroit sensible. Les Grecs d'Orient, comme tous les Grecs en général, sont travailleurs, industrieux, persévérants, leurs aptitudes sont toutes tournées aux affaires; ils n'ont d'égaux, en ces matières, que les juifs eux-mêmes. C'est là que le bât blesse les Grecs, et nous pouvons, sans crainte, affirmer que ce sont des considérations de jalousie mercantile qui poussent les Grecs riches à exciter, partout où ils rencontrent des juifs, leurs compatriotes des basses classes, et nous disons partout, en voulant indiquer les endroits mixtes comme l'Orient, où les deux races se trouvent en concurrence.

La religion n'est que le voile derrière lequel les Grecs

dissimulent mal, du reste, le but de leurs vexations, qui tendent à terroriser toute une classe et à l'amoindrir au profit de leurs intérêts personnels.

Cette brochure n'a qu'un but : montrer aux Grecs qu'ils font fausse route ; personne ne croira leurs accusations enfantines, mais on se lassera, à la fin, de cette persévérance à mal faire, et sans être de ceux qui croient qu'en se servant de l'épée on périt par l'épée, nous sommes obligés d'avertir les Grecs d'Orient qu'on se lasse de tout, et surtout des mauvaises choses.

S'ils ont des griefs, qu'ils les fassent valoir, mais qu'ils n'usent pas d'aussi piètres et aussi cruels moyens ; mais les griefs, nous en sommes sûrs, n'existent pas, ou ressortent, du moins, d'un domaine purement sophistique. Le Grec est jaloux, il ne veut pas être inférieur : le moyen est bien simple : qu'il redouble d'ardeur et d'ingéniosité dans ses affaires, et alors il prouvera sa supériorité autrement qu'en organisant des dragonnades en miniature dans les rues d'Alexandrie.

Les considérations de races ne sont que subsidiaires, à notre avis, dans cette question, car, ce que nous dénonçons dans le retour de pareilles anomalies, c'est l'atteinte portée à la dignité humaine et à la cause de la civilisation.

Il est inconcevable d'expliquer, de la part de gens civilisés ou se disant tels, des actes où la brutalité est encore surpassée par l'inouïsme de la bêtise.

Le fait en lui-même date de longtemps, il est vrai, mais cette cause même aurait dû non seulement en atténuer les effets, mais le faire disparaître complètement.

Nous pourrions nous plonger dans un dédale de discussions théologiques et canoniques; nous préférons mettre sous les yeux des lecteurs quelques citations provenant de recherches, et où les papes eux-mêmes condamnent en plein moyen âge les vexations sans fondements que subissaient les juifs.

Grégoire IX, un des papes les plus érudits en matière canonique, et qui donna une collection de Décrétales, lança, le 19 septembre 1227, la bulle *Lacrymabilem Judæorum*, où il lavait les juifs de ce soupçon de sacrifices humains, en même temps qu'il enjoignait de ne plus les persécuter.

Il lança, en 1235, une autre bulle où il s'appuie sur l'autorité de Calixte, d'Eugène et d'Alexandre.

Innocent IV, dont le pontificat fut si troublé, et que ses démêlés avec Frédéric II obligèrent de se sauver à Lyon, data de cette ville une lettre dont nous allons donner la substance.

Elle est adressée aux évêques et archevêques d'Allemagne :

« Nous avons reçu des plaintes douloureuses des
« juifs d'Allemagne, contre qui beaucoup de princes,
« d'ecclésiastiques et de séculiers, et autres puissants
« nobles de nos villes et diocèses, machinent des desseins
« impies, afin de leur ravir et usurper leurs biens; et
« cela, sous des prétextes divers et sans considérer que
« c'est de l'origine de ces juifs que nous sont parvenus
« les témoignages de la foi chrétienne. L'Ecriture Sainte
« dit : « Ne tue pas »; et elle défend aux juifs de ne faire
« aucune exécution toute la durée de la Pâque. On les
« accuse faussement donc de communier dans cette
« cérémonie avec le cœur d'un enfant. En leur attribuant
« le crime d'un autre, on détourne du coupable le châti-
« ment que lui seul mérite. Tous ces troubles sont faits
« sans notre assentiment et contre nos idées. On les
« dépouille contre Dieu et la justice. Ainsi donc ces
« pauvres juifs sont plus malheureux que leurs pères,
« sous les Pharaons. »

Une déclaration de la Faculté de Leipzig, du 9 mai 1714,
dit « qu'un tel soupçon est calomnieux » et en démontre
l'inanité et la fausseté.

Wagenseil, qui vécut de 1633 à 1705, et fut un des

plus vigoureux ennemis des juifs, constate que, même parmi les juifs convertis qu'il interrogea, tous nièrent énergiquement la production de ce fait, ce qu'il relate dans ses ouvrages.

Wagenseil était compétent dans cette matière, car on a de lui des traductions latines de la Mischna et de la Ghemara. On peut au reste consulter une biographie en latin avec un catalogue et un examen analytique des œuvres de Wagenseil, parus à Nuremberg en 1719.

Nous n'appuierons pas plus longtemps, car discuter de pareilles choses ce serait en admettre la possibilité. Nous dirons seulement que le gouverneur d'Alexandrie vient de nommer une Commission composée de gens dont pas un ne fait partie des victimes, et sans suspecter la loyauté des membres de cette Commission, on conviendra que la constitution en est irrégulière au premier chef ; comment, en effet, les gens qui la composent pourront-ils éclairer leur religion, si l'enquête ne se trouve pas guidée par ceux-là mêmes qui sont les victimes? La Commission, qui contient des Grecs dans son sein, aurait au moins dû s'adjoindre des juifs.

Enfin, en réunissant quelques articles pris dans la presse française de toutes nuances, nous n'avons aucun but d'acrimonie, nous ne demandons pas de représailles ; ce que nous désirons, c'est que la cause humaine ne soit pas constamment insultée par ceux-là mêmes qui ont le plus souffert des atteintes que lui a portées la barbarie.

Notre seule ambition est d'éveiller l'atonie coupable des Gouvernements qui ne devraient pas se désintéresser de ce qui touche de si près au progrès et à la civilisation, et dont la devise devrait être celle de César :

Nil actum reputans si quid superesset agendum.

Rien de fait tant qu'il reste à faire.

LA PRESSE FRANÇAISE

LE TEMPS

8 Avril 1881

Le Temps, qui est un des organes les plus écoutés de la presse française, a consacré, comme on va le voir, une longue lettre à ces faits odieux, et la protestation que le Temps a cru devoir faire est une des plus précieuses par l'autorité que possède ce journal.

LETTRES D'ÉGYPTE

L'agitation grecque contre les juifs.

Alexandrie, 28 mars.

Notre ville, d'ordinaire si paisible, vient de traverser une semaine des plus agitées. Foule tumultueuse parcourant les rues, toute la force armée sur pied, troupes de renfort accourues du Caire, tous les consulats en mouvement, nombre d'agressions et de voies de fait, les boutiques fermées, les transactions suspendues, voilà le spectacle que nous avons eu sous les yeux pendant plusieurs jours. La cause de ce désordre n'a rien de politique; elle n'est pas non plus nouvelle : c'est cet antique et absurde préjugé d'après lequel les juifs auraient besoin de sang chrétien pour des cérémonies de leur Pâque, préjugé que les enquêtes, les actes officiels, firmans, déclarations des patriarches et des papes n'ont pas encore déraciné. Il a surtout trouvé créance auprès de la population grecque de l'Orient, qui, chaque année, tantôt à Smyrne, tantôt à Constantinople ou à Salonique, recommence la même agitation à propos d'enfants disparus et vite retrouvés.

Un incident de ce genre s'était déjà produit l'année dernière dans notre ville : un enfant grec avait été trouvé mort près d'une synagogue; sur-le-champ, la population s'était mise à maltraiter les israélites, et l'intervention de la force publique, avec l'action du patriarche et des consuls, avait été nécessaire pour arrêter le désordre avant qu'il prît de grandes proportions. Dans l'intervalle, un médecin grec, chargé de l'autopsie, constatait que l'enfant s'était fracassé le crâne en tombant du haut d'une terrasse. Cette année les troubles ont été plus graves, et ce n'est qu'au prix des efforts les plus énergiques qu'on est parvenu à les apaiser.

Un petit garçon de neuf ans, Evangeli Fournaraki, avait quitté la maison paternelle, dans l'après-midi du 25 mars, pour aller jouer avec deux enfants israélites dont les parents avaient antérieurement habité sous le même tout que les siens. Il ne revint plus. Son cadavre fut retrouvé trois jours après, flottant dans le port. On sut qu'à la nuit tombante, il avait quitté ses deux petits amis, que leur père l'avait fait accompagner par son fils aîné jusqu'à la sortie du quartier, et lui avait même remis un morceau de bougie pour éclairer sa marche, enfin que l'enfant était revenu quelques instants après, disant que le jeune Evangeli continuait son chemin pour rentrer chez lui. On suppose qu'il sera tombé dans la mer en passant par les quais pour regagner son domicile.

Mais, dès la première nouvelle de sa disparition, quelques Grecs fanatiques s'étaient mis à crier que l'enfant avait été tué par les juifs, et un attroupement de trois à quatre cents individus s'était porté au consulat de Grèce pour demander la punition des prétendus coupables.

Le consul, M. Ranghabé, s'efforça de calmer la foule en lui promettant de faire les plus actives recherches pour retrouver l'enfant; elle refusa d'entendre raison et menaça d'user de représailles si l'enfant n'était pas rendu le soir même. Quittant le consulat, elle se dirigea vers les maisons juives dont les habitants lui paraissaient suspects. De pauvres juifs virent alors avec consternation envahir leurs demeures, et durent assister sans mot dire à d'odieuses perquisitions. Vers le soir, enhardis par la mollesse de leur consul et de l'autorité locale, des groupes de Grecs parcou-

rurent les principales rues de la ville, frappant impitoyablement tout israélite qu'ils rencontraient sur leur
chemin. Les magasins juifs se fermèrent précipitamment, et leurs propriétaires durent se réfugier chez
eux.

C'est le lendemain que l'enfant fut retrouvé. Vaine-
ment une constatation médicale, faite au palais du
gouverneur, en présence de délégués de toutes les nationalités, des parents et d'un grand nombre de Grecs,
établit que le corps de l'enfant ne portait aucune trace
d'incision ni de violences ; la foule prétend que les
médecins sont soudoyés. Pendant toute la nuit, des
processions de fanatiques vont baiser la dépouille du
« martyr », que le consul de Grèce a permis aux parents
d'emporter, et pendant toute la nuit se succèdent les
voies de fait sur les juifs.

On cite parmi les blessés, en majorité sujets italiens,
trois israélites d'Algérie, dont l'un a eu un œil complètement arraché. Sur les instances du corps consulaire, le gouverneur de la ville, qui ne dispose que de
huit cents hommes, télégraphie au Caire pour demander du renfort ; on lui envoie successivement deux bataillons, dont le second est amené par le ministre de la
Guerre en personne. Bref, l'autopsie a lieu : vingt-cinq
médecins, tant grecs que des autres nationalités, confir-
ment la constatation médicale de la veille et attestent
que l'enfant est mort par immersion et qu'il est tombé
vivant dans la mer.

Ce témoignage solennel n'obtient pas plus de créance que le premier. L'enterrement de l'enfant donne occasion à de nouvelles violences. La police arrête, près de la Bourse, un des perturbateurs; on voit alors, au grand étonnement du public éclairé, les habitués grecs de la Bourse, qu'on aurait cru devoir compter parmi la bourgeoisie sage et bien élevée, se jeter sur les agents de police et leur arracher des mains leur capture. Deux journaux grecs, l'*Homonia* et le *Telegraphos*, au lieu de prêcher le calme, publient des articles qui sont de véritables appels à de nouvelles violences. Le tumulte s'est apaisé, mais l'agitation règne dans les esprits et se propage dans les environs d'Alexandrie. On dit qu'un juif a été tué à Kafr-el-Zayat; le consul de France a envoyé aux informations.

Tous les consuls européens, notamment ceux de France, d'Italie et d'Angleterre, ont montré dans cette circonstance une grande activité. Ils ont eu plusieurs réunions avec le consul de Grèce et les représentants du Gouvernement; ils ont poussé les autorités à appeler des renforts de troupes et à agir avec vigueur. S'il n'y a pas eu d'effusion de sang, c'est à eux certainement qu'on le doit.

Il importe de prévenir le retour de scènes regrettables. L'action la plus efficace dans cet intérêt serait incontestablement celle du consul de Grèce. Il serait vivement à souhaiter que le Gouvernement hellénique se préoccupât de cet incident et donnât des instructions à son représentant pour lui permettre d'agir dorénavant avec toute la vigueur nécessaire.

Au moment où les Grecs réclament une part de l'empire ottoman en se donnant comme les représentants de la civilisation et du progrès en Orient, ils auraient intérêt à témoigner au moins autant d'esprit de tolérance et de liberté que les musulmans dont ils revendiquent l'héritage.

LA PATRIE

9 Avril 1881

Les événements douloureux d'Alexandrie ont également éveillé l'indignation d'un des organes les plus conservateurs de la presse parisienne, la PATRIE, qui flétrit, en termes indignés, les infamies des Grecs d'Alexandrie.

ENCORE LES GRECS

Il est dit que les Grecs ne se lasseront pas d'être des fauteurs de désordre. Des faits de la plus haute gravité viennent de se produire à Alexandrie, faits dont la responsabilité retombe entièrement sur les Grecs, et quand nous disons faits, c'est crimes qu'il faut lire.

On sait qu'un absurde et sinistre préjugé, une tradition épouvantable autant qu'elle est menteuse, veut que les juifs égorgent un enfant pour la célébration de leurs Pâques.

Cette monstruosité a eu beau être démentie des

milliers de fois, avec preuves à l'appui, chaque année encore des fanatiques la remettent en circulation.

C'est ce qui est arrivé l'an dernier à Alexandrie, et c'est ce qui vient encore d'arriver dans la même ville. Un jeune garçon a disparu ; son cadavre a été retrouvé dans le port. Aussitôt les Grecs de s'ameuter.

Mais, dès la première nouvelle de sa disparition, quelques Grecs fanatiques s'étaient mis à crier que l'enfant avait été tué par les juifs, et un attroupement de trois à quatre cents individus s'était porté au consulat de Grèce pour demander la punition des prétendus coupables.

Le consul, M. Ranghabé, s'efforça de calmer la foule en lui promettant de faire les plus actives recherches pour retrouver l'enfant ; elle refusa d'entendre raison et menaça d'user de représailles si l'enfant n'était pas rendu le soir même. Quittant le consulat, elle se dirigea vers les maisons juives dont les habitants lui paraissaient suspects.

De pauvres juifs virent alors avec consternation envahir leurs demeures et durent assister sans mot dire à d'odieuses perquisitions. Vers le soir, enhardis par la mollesse de leur consul et de l'autorité locale, des groupes de Grecs parcoururent les principales rues de la ville, frappant impitoyablement tout israélite qu'ils rencontraient sur leur chemin. Les magasins juifs se fermaient précipitamment, et leurs propriétaires durent se réfugier chez eux. — —

Une constatation médicale, une autopsie en présence de vingt-cinq médecins établissent que tout ce que disent les Grecs est faux. Ceux-ci n'en tiennent pas compte et les désordres continuent.

On cite parmi les blessés, en majorité des Italiens, trois israélites d'Algérie, dont l'un a eu un œil complètement arraché. Sur les instances du corps consulaire, le gouverneur de la ville, qui ne dispose que de huit cents hommes, télégraphie au Caire pour demander du renfort : on lui envoie successivement deux bataillons, dont le second est amené par le ministre de la Guerre en personne.

Les journaux grecs poussent aux violences.

L'agitation grandit et on redoute de gros évènements.

En vérité, quand on pense que ces excès sont commis par des gens qui prétendent représenter la civilisation moderne, on se demande ce qu'ils feraient s'ils représentaient la barbarie.

LE CLAIRON

11 Avril 1881

Le CLAIRON, qui est un organe catholique et légitimiste, et que l'on ne peut suspecter de partialité, par conséquent, prouve également, par sa protestation, que des monstruosités comme celles-ci trouvent un écho d'indignation générale dans la presse française, sans distinction de nuances.

LES GRECS EN ÉGYPTE

C'est au moment où la Grèce a besoin de toutes les sympathies et de tous les concours que ses nationaux à l'étranger, au lieu de garder une attitude sage et réservée, se livrent à un débordement d'attaques et de calomnies contre les israélites.

Tous les ans, à l'occasion des Pâques juives, les Grecs d'Alexandrie se livrent contre les israélites de la ville à une série de méfaits dont on peut à peine se faire une idée.

Cette année, la disparition d'un jeune Grec, retrouvé noyé depuis, a servi de prétexte au fanatisme de la populace hellénique, qui a aussitôt accusé les juifs de s'être servi du cadavre pour leurs sacrifices.

Malgré les remontrances du consul grec, M. Ranghabé, malgré une consultation de médecins européens de toutes nationalités, affirmant l'inanité des accusations, malgré la réunion du corps consulaire, convoqué pour la circonstance, malgré l'envoi au Caire de deux bataillons de renfort, commandés par le ministre de la Guerre en personne, l'agitation anti-israélite n'a fait que croître.

Les juifs sont assommés dans les rues, leurs boutiques sont dévalisées. Les journaux grecs entretiennent le fanatisme de leurs compatriotes; les classes élevées, elles-mêmes se mettent de la partie.

On comprend ce qu'on peut redouter d'une populace surexcitée à un si haut point.

Le Gouvernement français a été avisé de cet état de choses; il n'a rien fait, tandis que l'Italie, toujours à l'affût de ce qui peut accroître son influence, a pris la défense des juifs persécutés.

On ne s'explique pas l'apathie du Gouvernement, qui se déconsidère comme à plaisir, en rappelant M. de Ring, et laissant ses protégés naturels demander aide et protection à un autre Gouvernement qui ne cherche, depuis longtemps, qu'à contrebalancer et même réduire l'influence française en Orient.

Il ne faut pas que les sympathies de M. Gambetta pour les Grecs aillent jusqu'à laisser opprimer en Egypte une race entière qui implore le secours de la France.

LA JUSTICE

14 Avril 1881

La Justice, qui a pour Directeur un des plus influents, sinon des plus capables membres de la Chambre des Députés, a protesté également, par l'accueil d'une longue lettre, contre les énergumènes religieux d'Alexandrie. On ne devait pas moins attendre de M. Clémenceau, toujours prêt à défendre les causes justes et à flétrir les lâchetés.

LES GRECS A ALEXANDRIE

Alexandrie.

A Monsieur Clémenceau, Député.

Il se passe en ce moment dans notre ville un fait inouï, qui, s'il n'était constaté dans tous ses détails par la presse du pays, pourrait paraître un anachronisme monstrueux, qui nous reporterait aux temps les plus sombres des persécutions religieuses.

Tous les ans, au moment des Pâques juives, la population grecque d'Alexandrie se livre à une orgie de démonstrations fanatiques à l'égard des israélites de la ville, démonstrations dont les résultats les plus bénins se traduisent généralement par quelques juifs assommés et plusieurs de leurs propriétés pillées.

Le fait n'a même pas l'excuse toujours prête d'une population inconsciente, car ce sont les classes dirigeantes qui se mettent à la tête de ce mouvement, où l'odieux le dispute au ridicule. Mais cette année, le fait s'est corsé de la façon la plus extraordinaire.

Le 25 mars, un enfant nommé Evangeli Fournaraki, qui avait pour camarades deux jeunes israélites de son âge, vint dans la journée prendre part à leurs amusements et se retira vers six heures du soir, accompagné par un de ses camarades, qui le laissa à mi-chemin et rentra chez lui.

Depuis, le jeune Evangeli n'ayant plus reparu à son domicile, la population grecque, informée de cette disparition, accusa les juifs de s'être servi du corps du malheureux enfant pour une cérémonie religieuse, et s'inspirant d'une des vieilles et sottes superstitions du moyen âge, prétendit que les juifs avaient sacrifié l'enfant en l'égorgeant dans une synagogue. Mais le corps fut retrouvé dans le port deux jours après; l'enfant s'était noyé, et, après une réunion de médecins, qui procédèrent à l'autopsie, on reconnut, en effet, que le corps ne portait aucune trace de violence, et que l'asphyxie par submersion seule avait pu amener la mort.

Mais, dans l'intervalle de ces deux jours, la population s'ameuta et se précipita au consulat grec; il faut le dire à sa louange M. Ranghabé, le consul, fit tout ce qu'il était humainement possible pour calmer ces furieux, qui ne demandaient rien moins que la punition immédiate de la famille juive où le petit Evangeli allait s'amuser.

M. Ranghabé, pour éviter un plus grand malheur, fit arrêter, de concert avec le gouverneur, la famille juive, afin de la mettre à l'abri de ces hallucinés. Enfin, l'agitation devint telle qu'on télégraphia au Caire pour obtenir de la troupe ; les consuls eux-mêmes furent convoqués, afin d'aider par leur influence à remener le calme dans les esprits.

Les rues, du reste, n'étaient plus sûres pour les juifs; tous ceux que l'on reconnaissait étaient signalés, insultés et assommés, si la police n'intervenait pas à temps.

Un israélite, la figure ensanglantée, l'œil sortant de l'orbite, s'était réfugié au consulat de France, où M. Dobignie, notre consul, a déployé la plus grande énergie pour le soustraire aux fureurs de la foule et le conduire à l'hôpital.

Bref, la ville est dans une surexcitation extrême, et, malgré la surabondance de preuves donnée par l'autopsie à laquelle ont procédé des médecins européens et grecs, la population ne veut rien entendre et on se croirait à la veille d'une révolution.

Un individu, qui avait à moitié tué un juif, a été arrêté par la police et enlevé de ses mains en passant devant la Bourse, par des courtiers appartenant aux meilleures familles grecques de la ville. Je vous laisse à penser ce que doit faire la classe populaire, plus ignorante, et que les prêtres grisent avec leur fanatisme.

Les juifs, au reste, osent à peine sortir; on n'en voit plus dans les rues. Mais cette situation ne peut durer, vous le comprendrez aisément, et ce n'est pas au dix-neuvième siècle que de pareils faits peuvent prendre consistance; notre pays, la France, est ici le protecteur naturel des israélites.]

Mais le rappel subit de M. de Ring interdit aux juifs, du moins pour le moment, d'avoir grand espoir pour leurs revendications auprès des agents français, car il est vraiment pénible de voir un ministère français, ou se disant tel, rappeler un homme de la valeur de M. de Ring, qui tenait si haut le drapeau des intérêts français en Égypte, et qui, lui, aurait agi de manière à couper court à une agitation malsaine dont sont victimes les protégés naturels du Gouvernement français.

Les quelques détails que je vous donne sont encore bien au-dessous de la vérité, et je puis, si vous le désirez, vous les compléter en vous donnant dans une autre lettre une relation très étendue de ces faits, dont les corollaires seraient désastreux au point de vue de l'influence française, si celle-ci continue à abandonner un des éléments les plus considérables du commerce et de l'industrie en Égypte, car il est évident que le prestige de la France ne peut que profiter du relief que lui donne le quasi-protectorat de l'élément juif en Égypte.

En dehors de ces considérations matérielles, il y a une question d'humanité et de progrès qui doit tout primer : la France est ou devrait être la première à exiger que de pareilles monstruosités ne se produisissent pas à notre époque; votre situation et votre caractère surtout, Monsieur, vous mettent en première ligne pour élever la voix, afin de flétrir des faits qui tombent dans l'horrible et le grossier.

Et c'est confiant dans les luttes que vous soutenez depuis si longtemps déjà pour le triomphe de la vraie liberté et la disparition de tous les vieux fanatismes, quels qu'ils soient, que je vous adresse ces détails qui paraîtraient invraisemblables, si malheureusement les faits n'étaient là pour en confirmer la véracité.

LA PAIX

Enfin la Paix, organe quasi-officiel, et qui prend source à l'Élysée, flétrit en quelques lignes le fanatisme grec.

LES JUIFS A ALEXANDRIE

Nous recevons d'un habitant d'Alexandrie des détails vraiment monstrueux sur la férocité que peut engendrer le fanatisme religieux.

Il paraît que tous les ans, au moment de Pâques, les Grecs d'Alexandrie se livrent à une orgie de démonstrations fanatiques à l'égard des israélites de la ville, démonstrations qui se traduisent généralement par quelques juifs assommés et plusieurs propriétés pillées.

Cette année, paraît-il, le fanatisme n'a plus connu de bornes ; prenant prétexte de la disparition d'un enfant grec, dans laquelle les juifs n'étaient pour rien (il s'était noyé), les Grecs, au nom de la vengeance, ont redoublé d'ardeur dans l'assassinat.

Malgré les efforts du consul grec et du consul français,

les rues sont devenues impossibles pour la population juive, et toute leur vie extérieure est absolument arrêtée.

Les juifs comptaient sur la protection de la France, et nous espérons que, malgré le rappel subit de M. de Ring, nous saurons, au nom de l'humanité d'abord, et de nos intérêts matériels ensuite, ne pas abandonner cette malheureuse population juive que l'Europe occidentale a le devoir de protéger en Orient.

— Paris-Imp. LEFEBVRE, Pass. du Caire. 37-39.

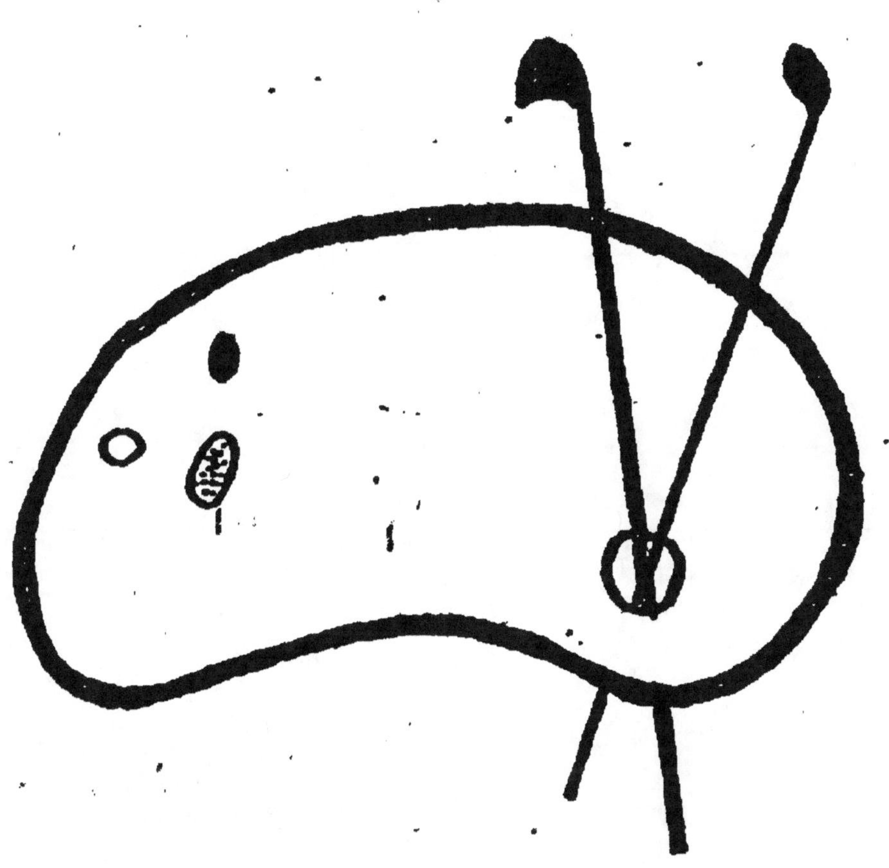